©이강산

여수의 잠

애지시선 015

여수의 잠

2007년 10월 31일 초판 1쇄 발행

지은이 김열
펴낸이 윤영진
기 획 유용주 박수연 한창훈 이정록
편 집 함순례
디자인 함광일 이경훈
홍 보 전희주
펴낸곳 도서출판 애지
등록 제 2005-5호
주소 300 -170 대전광역시 동구 삼성동 125-2 4층
전화 042 637 9942
팩스 042 635 9941
전자우편 ejiweb@hanmail.net

ISBN 978-89-92219-09-9 03810

* 이 책은 2005년 한국문화예술진흥위원회 창작지원금을 받았습니다

애지시선 015

여수의 잠

김열 시집

□ 시인의 말

붉은 신호등 속 한 사람을 본다
속도 앞에서 근신하고 있는 그를 마주 본다
건너오지 못하는 그는 신발보다 먼저 발이 늙는 사람이다
붉게 타오르는 노을을 등진 언덕 위에 환영 같은
검은 실루엣을 남기는 사랑,
그는 항상 우리 앞에 도착하는 시간이다

2007년 시월 송강에서
김열

차례

제3부 검은 새

제4부 두 번째 고해

제5부 안개속 아이가 준 선물

제1부

누가 저 종교를 박해했을까

느티獸

저 느티나무는 곧장 넓고 깊은 하늘로 오르고 싶었는지 모른다 그러나 높이를 줄이고 팔을 벌려 안을 넓혀 놓았다 한 자리에 붙박여 저와 더불어 사는 또 하나의 일생을 풀죽지 않게 다독여 왔다 밖으로 뛰쳐나가려는 본성을 넉넉한 품으로 감싸 안고 있다 아직도 천둥 번개 치는 캄캄한 날이면 덩치 커진 놈이 가지 이파리 죄다 놀라게 하는 포효를 터트리다가 답답한 먹가슴 쥐어뜯는다 쩍쩍 갈라터지는 구름 속으로 비를 몰고 오는 구름 속으로 우우 속절없이 괴성을 내지르며 가지 붙잡고 뒤흔들어 머리채 뿌리친다 푸른 이파리 뒤집히다 떨어지고 여린 팔목 부러진다 다치고 지치고 설운 몸뚱이, 숨결 고요해지도록 속울음 울어 뿌리 끝까지 젖기도 한다

느티나무,
마을 앞에서
평상 하나 부리고 있다

말

낡은 구두
솔질하다 멈추고 본다
말표 구두藥 뚜껑 위에 그려진
앞다리 치세우고 갈기 휘날리며 달리는 흑마를 본다
따각따각 먼지 일으켜 질풍 속으로
뚜껑을 뛰쳐나와 잇달아 질풍 속으로 달려가는 말

구두약 둥근 뚜껑 안에서
말달리도록 맨 처음 고안한 사람의 마음과
손을 넣어 구두를 빛나게 닦아주는 푸른 풀밭 같은 마음을 생각한다
집으로 돌아와 풀밭 위로 밤을 누이는 말을 생각한다
아침이면 새로운 바람을 불러오는 말

약을 발라 솔질 계속하자
돌멩이 걷어차다 상처 난 구두코 반짝거리고
현관 밖 햇살은 눈부시게 쏟아진다

누군가 금세 밖으로 나갔는지
대문이 활짝 열려 있다

여수의 잠

여수가 아니어도 좋았다 탁 트인 바닷가라면 좋았다 어디에도 기록되지 못한 유적처럼 떠 있는 섬들과 먼 바다로 떠나는 외양선 불빛이 닿는 높은 언덕이 있는 곳이라면 더 좋았다 여수행 열차표를 다짐이듯 꼭 쥐었던 건 오랜 병을 알고 있는 항구를 떠올렸기 때문인지도 모른다 때때로 선택은 미묘한 끌림이 아니었던가 창측 좌석에 내 선택을 앉혔다 열차가 레일에 묶여 미끄러지면서 밀린 잠들이 육지 끝으로 밀려감을 느꼈다

열차는 간이역 불빛 같은 상념을 뚫고 달려갔다

흐린간판불쓰러질듯서있는바닷가언덕여인숙
똑똑,헤픈잠에서깨어난포주같은눈빛을외면하고
쪽방을찾아올라가는생의관절들
따라온몇편의기억방바닥부스러기로쏟아진다
창밖불빛하나둘지우는해풍의손길에
녹슨육지를등진한척의잠
작고환한방

달처럼구부러진잠을잡으려다놓고가는파도의부드러운숨결
이불을한겹한겹덮으며한자락한자락옷을벗겨내는잠
파도는반도의알몸으로밀려온다
푸른비늘들계속밀려온다

손님, 손님, 몸이 너울처럼 흔들린다 파도 일렁이는 눈으로 테를 두른 모자, 승무원이 서 있다 여기는 종착역입니다…… 아, 旅愁였다

친구를 기다리네

오랜 친구는 취업문제로 누군가를 만나고 금방 돌아오겠다며 사람들 사이, 갈래진 길로 사라져 갔네 신도시 밤거리 공중을 차갑게 지피는 네온사인 아래 깃을 세우고 오가는 이들, 눈에 다 담지 못하고 빌딩 입구 계단에 앉았네

★

종점에서 가느다란 숨줄을 타고 올라간 상계동 산 161번지, 세상은 멀어 도시가 아름답게 빛나던 밤, 솜이불 덮고 나란히 누워 있던 적막을 난 잊지 못한다 시린 콧등 위 어둠 속 백열전구는 외줄을 타고 내려와 자주 흔들렸다 어머니 동생들 완고한 할머니 그 날 처음 친구는 아버지와 독서를 그리워했다 한 권 책처럼 친구는 뒤척였고 이불 속으로 들어온 바람은 속삭였다 촛불 같은 오롯한 문장을 난 더듬더듬 찾았다 尙古시대 어느 일가의 비명이 울려오는 듯한 냉골에서 어느새 고요해진 숨소리의 여운

을 끌어 덮고 있었다

★

저 멀리까지 걸어가 낯선 길의 주소를 묻는 가로수, 돌아와 거리의 수은주가 되어가네 자정 무렵 어떤 남자가 건물 복도 끝에서 신문지로 모닥불을 둥글게 피워올렸다는 얘기가 불쑥 떠오르네

짧은 순간, 친구는 세계를 내려놓고 갔네

손잡이
– 떠나는 육체

손잡이 움켜쥐고 있던 구부정한 몸이 머리를 천천히 들어올린다

검은 차창 속에서 힘겹게 드러나는 빛과 어둠이 서로를 물고 일그러뜨리고 있다

오래 견디고 있다, 경계가 무너지고 있다는 사실을 깨달은 듯

사내 앞에 앉아 있던 여자가 손가방 집어들고 일어선다

탁, 탁, 탁, 급히 울려오는 하이힐 소리,
마치 손잡이 둘 잡으려고 지하철을 탔다는 듯 사내는 꼼짝하지 않는다

팽팽해지는 팔뚝,

다시 고개가 바닥으로 늘어져 떨어진다

강남 서초 방배

사당 낙성대 늦은 불빛 몇 올라타고 다른 손잡이는 열지어 멀리 흔들리는데

흘끔흘끔 앉아서 곁눈질하는 사람에게 매달려 늘어지는 기억,

손잡이는 육신을 쉽게 놔주지 않는다

사내가 없다,

가끔씩 길을 추억하듯 등줄기를 꿈틀거릴 뿐

사내는 이미 어느 역에서 내렸다고

잠시 생각한다

붕어

혹시 입질하지 않을까, 지난 봄 이후 물 한 번 갈아주지 않은 네댓 평 연못가에 앉아 붕어를 기다리는데 초등학교에 갓 입학한 이층집 아이가 줄넘기 들고 폴짝폴짝 마당으로 내려와선 대뜸, 손님 없죠? 줄 넘을 테니 세어보란다

겨울에 족제비가 붕어를 물고 햇살 뒤로 숨은 적 있다 고만고만한 마을 아이들 연못 속 들여다보곤 큰일 난 듯 족제비 생김새에 대해 말하곤 했는데, 날 풀려 아이들 학교로 몰려가고 연못 속은 매상을 비웃으며 가게 구석구석을 돌아다니는 곰방쥐 눈으로 어두워져 갔다

아저씨, 몇 번 넘었어요?

선뜻 대답 못하자 원피스 입은 아이 씩씩거리며 걸어온다 고리눈 되어 몇 번 끔벅이다 또 넘을 테니 절 좀 잘 봐달란다 구령하듯 하나앗 두우울 세에엣… 지 나이만큼은 꼭 넘을 요량인지 부풀어오르는 줄 따라 땅을 박차 오른

다 눈 아프게 은박 쏟으며 하늘로 거푸 오른다

콩나물국

어머니 콩나물을 다듬으신다 어머니 또 웅그리고 앉아 콩나물을 다듬으신다 어머니 콩나물 대가리를 끊어뜨리신다 어제는 큰애가 월급봉투를 들고 현관문 앞에서 쓰러졌다 어머니 어느새 돋보기 낀 모습으로 콩나물을 다듬으신다 식식거리던 둘째가 소주병을 집어던져 거울이 깨졌다 콩나물이 어머니를 다듬으신다 어머니가 노란 어머니를 다듬으신다 어제는 막내가 돈도 없이 집을 뛰쳐나갔다 어머니 주르륵 눈물 고이신다 눈물이 어머니를 다듬으신다 나이보다 속 깊은 막내 누긋해져 오늘밤엔 돌아올 거라 믿으신다 어머니 눈물을 다듬으신다 세상 식성은 달라도 콩나물국은 시원하다 뿌우연 돋보기 닦아내듯 어머니 콩나물을 다듬으신다

맛

입맛은 떨어지고 마실 길 뜸하다 해는 길어 마당 낡은 의자에 내리는 햇살에 앉아 깜박 졸면
어느 녘 하늘과 구름이 내려와 머물다 개꿈인 듯 흘러가기도 하는,

백발 성성한 노파가 자작자작 걸어나와 술 담그겠다고 한나절 벚나무 한 그루 비잉 돈다 땅에 떨어지는 버찌 알알이 주워 담고 있다

來日이면 뒤란에 자귀꽃 환히 피고
참매미 울겠다

나비夢

불면의 잠을 찾아 기어드는 것들의 웅성거림과 그 웅성거림이 지나간 뒤에도 환청처럼 남아 있는 날갯짓, 그리고 지금 겹겹의 땅을 뚫고 올라와 달뜬 피가 돌고 도는 풀잎 꽃잎의 웅성거림

이것들을 분별할 수 없는 들녘에 나와 서 있다

양쪽 날개 위에 고르게 내리는 햇살의 반짝거림과 소멸시킬 수 없는 족보에 대해 오래 생각하는 봄

입 벌리고 침 흘리는 얼룩잠 같은 나비들아, 나배들아
한 곳에 너무 오래 입 맞추지 마라 오늘밤 내 베갯잇엔 내려앉지 마라

제2부

끊어진 등고선

투명한 집

아프다 아내가 자주 아프다 아내가 자주 몸을 힘겹게 풀고 눕는다 겨울밤 아내의 앓는 소리에는 바람이 산다 바람이 태어나 첫 만남과 그 약속을 묻고 지나간다 그 바람 속에는 성에도 끼지 않는 집이 덩그러니 세워져 있다 문득문득 터지는 플래시처럼 밤풍경이 산자락 나무가 사방으로 몰려와 놀란 표정으로 엿보는 그 집 속에는, 녹슨 철사 같은 머리카락을 기르며 아내가 누워 있다 그 때마다 하얗게 숨을 죽인 텔레비전은 한쪽에서 채널을 바꾸고 있다 전기장판 위에 웅크리고 가습기처럼 앓는 소리에는 창을 흔들고 가는 바람이 자란다 밤새 앓고 투명한 집을 지키는 바람이 산다

신인상

처음으로 가슴에 붉은 꽃을 달았다

다른 수상자가 소감을 밝히는 순서에서 깊은 시력詩歷처럼 자신의 둥근 어머니에 대해 차분히 말할 때
나는 고개 숙여 두근거리며 피어나는 꽃을 가만히 내려다 보았다

아름다웠다,
잠시 밀려오는 생은 아름다웠다

겨울 외투 속에서
말라비틀어지고 터진 젖살이 가슴에 매달리기 전까지는
젖꼭지를 시퍼런 꽃대가 물고 먼저 부풀어오른 꽃잎 부르르 떨기 전까지는

몰랐다, 내 안에서 늙고서 내 밖에서 더 늙은 당신이 또 다시

新人처럼 오셨는지 몰랐다

금속 가게

추적추적 비가 내리고
어떻게 사냐, 전화 끊은 무렵부터 비가 내리고 웅덩이를 검게 띄우는데
오밤중에 형광등 불빛은 뚝뚝 떨어져 빗물에 떠내려가는데 안방 장롱을 옮긴다
소나무 위 학이 앉았다 날아간 자국 선명한 장롱을 옮긴다 귀퉁이 부딪히면서 하늘 속 鶴이 놀라 날아가는 곳,
누이의 상장을 오래 품어준 메리야스 곽 한 번 열었다 닫는다 앉은뱅이 책상을 옮기고 구부러진
못이 앉는 의자를 옮기고 벽지를 타고 올라가는 책 제목들, 담쟁이 걷어내듯 베란다로 밀고 나가다가 누군가의,
누군가가 귀가가 늦어지는 어머니와 아버지를 함께 들어 올리면 손목과 손목 사이 은빛 찰랑이는 소리
땀방울 맺혀 있는 베란다 창을 열면 차가운 빗줄기,
수직의 빗줄기에 입질하고 있는 물 동그라미
동그라미

동그라미

…오랜 세월 녹슬지 않고 빗속을 찾아 걸어오는

무거운 눈꺼풀

광장 위로 회색 구름이 부풀어오른다

역전 귀퉁이 붉은
스카프, 떠도는 바람을 묶고 나부낀다

지나는 다리 분주히 울타리 짓고
여전히 붉은 스카프는 눈 감아 웅크린다

옆에 누워 먼지 낀 눈꺼풀을 닦아주고 쓰러진 한 생애를 일으켜줄
누군가가 아니라면 그냥 지나쳐야 한다

한 시절 긴 목이 뜨겁게 타오르는 사랑을 했으리라
여자와 구름을 겹쳐보았다

지나간 생애를 덮었다 펼쳐주듯
광장에서 지켜보던 내가 바라고 기다린 것은 무엇이었을까,

여분의 수은주가 내려가고 구름은 제 살을
불렸지만 눈은 내리지 않았다

광장을 빠져나와 외투들 사이로 파고들어
어깨 나란히 걸었다

밤이 빛으로 오는 거리는 시끄럽고도 조용했다
어느 북적이는 거리를 검게 적시며 지나갔다

허벅지 깊은 데로
자꾸만 찬 입술을 대는 은빛 주화들,

너무 오래 세상과 나를 응시하면 안 된다

붉은 스카프는 광장에서 광장으로 돌아누웠고
그날 서성이던 구름은 눈을 빚지 않았다

꽉 다문 어금니 사이 풍장이라는 말
바람을 남기고 목구멍 아래로 넘어갔다

쪽배

입 깨진 술병 떠 있다
입 속의 입이 깨진 채 소문 없이 떠 있다

하늘을 날아오르다 숨이 찼던가
무당벌레 한 마리 빠져 있다
모든 다리 노가 되어
탁한 수면을 필생의 힘으로 저어 간다
아니다, 날고 있다
이제, 날개의 추억이 힘이다

죽기 전에
웅덩이가 거대한 닻이란 것을 알 것인가
거대한 입이란 걸 알 수 있을 것인가

마른 잎 스치는 들녘을 지나
웅덩이 앞으로 흘러온 긴 그림자 속으로
쪽배 하나 막 들어오고 있다

겨울숲엔 흔적을 남기지 못한다

차안은 소등됐다 빈 담뱃갑마냥 구겨져 쿨룩거리는 중년, 핸드폰을 쥐고 차창 밖을 향해 욕을 퍼붓는
그가 먹구름이듯 걸렸는데 누군가 혼자 궁시렁댔을 뿐 아무도 시비를 걸지 않는다 시간의 뒷덜미를 좌석에 묻고 이내 묵직해진다

겨울숲

영화 「해바라기」*를 기억한다 그 해묵은 필름 속엔 눈에 파묻힌 오두막 하나가 아직도 숨을 몰아쉰다 가물거리는 의식을 깨워 눈길을 헤쳐온 안토니오가 간신히 희망을 열었을 때 오두막은 빽빽한 숲이었다 전쟁과 추위에 지친 병사들의 숲, 오두막 안에서 행군 대열을 갖추듯 무장한 채 서서 그대로 잠들어버린, 겨울 소처럼 연신 하얀 김을 토하고 거칠게 돋은 수염 끝에 송글송글 맺혀 타오르는 빙점들… 놀라 확대된 안토니오의 동공 깊숙이 겨울숲은

들어온다 죽음이듯 잠든 병사들 얼굴에 가없이 너울대는 우크라이나 해바라기밭을 오버랩시키는 것은 조급하다
겨울숲에 들듯 해석하지 말아야 할 풍경이 있다

아이가 울다

냄새는 좀처럼 가라앉지 않는다 소등한 실내는 마치 거대한 포유동물의 흉곽 속 같다 쌓인 입김이 차창에 방울져 흐르고 얼룩진 불빛에 붙었다 흩어지는 눈송이, 지금 막차는 오래된 내륙을 달린다 터미널에 도착하려면 나도 눈을 좀 붙여야 한다
한때 아이가 깨어나 울음을 터뜨렸다

* 영화 「해바라기」의 오두막 장면을 기억에 의지해 인용한다.

동백

동백이 나를 물끄러미 바라보았다.

모든 걸 겨울 동백이 말해주리라 믿고 찾았던 것, 좁고 긴 낭하가 걸어왔다

바다와 방파제의 희디흰 몸 섞음과 구름을 가르고 나온 햇살과의 일별, 파란 물결이 여수를 떠나는 선박에게 동백의 이름을 주었다

언덕 골목길 타고 올라가 해풍에 흔들리기 시작하는 불빛들, 그것들이 일으키는 동백의 신열

차표 쥔 사람들로 역사는 붐비고 花信의 밤 열차는 흥성이며 북상했다 하얀 혈류가 발밑을 빠르게 지나갔다

눈에서 흘러나온 얼룩 같은 불빛 밤바다와 허공에 맺히면 어느새 다가와 어두운 등을 핥고 있는 길목, 정류장은 다시 걸었다

한 여자가 돌연 팔목을 붙잡고 늘어져 올려다 보는 눈길엔 홍정할 수 없는 물결이 몰려 와 출렁였는가

불 끄고 여관 방에 누웠을 때 뱃속으로 한꺼번에 동백 꽃잎이 밀려왔다

배고픔이 밀려온다

처음이듯 배고픔은 밀려오는데 어둠 속

어깨 펴고 반듯이 누워보는 것은 공복에 대한 그리움이 아주 오랜만에 일어났다는 것, 밤새 동백의 修辭는 멈추지 않을 것이다

덜컹거리는 창가 파란 잎새와 머무는 목덜미 긴 동백.

누이생각

늙은 나무가 내어놓은 평상에서 차츰 잦아드는 수런거림, 누이는 누이의 수령을 가졌다 나무는 귀가 밝아져 땅거미 내려앉는 소리와 새로이 일어나는 바람 소릴 듣는다 저녁의 밝은 식탁이 그리운 어깨들 위로 짙은 망토를 걸친 새 날아간다 서둘러 무릎 위로 올라온 가랑잎 내려놓고 길들은 견고한 부름을 새기며 하나 둘 스러져 간다 창가에 서 있던 누이는 유리창을 뜯어내고 나무는 부스럭거리며 찾아오는 작은 발소리를 듣는다 나이테를 뒤틀듯 휘어져 밤하늘로 오르는 나무, 텔레비전 앞에 턱 괴고 있던 누이가 일일방송극 떠올리며 쌀을 씻는다 흔들리는 잔가지 사이 서녘에 머무는 어스름, 평상 위로 가랑잎 하나 떨군다

보안등

처음엔 넌 그냥 딱딱하고 만질 수 없는 이름이었다
(어둠의 결 따라 어슬렁거리던 고양이가 어느 밤 너에게 들어갔다)

빨갛게 십자가를 태우는 허공을 지나 밤이슬에 침묵이 젖어

고이는 골목길 거슬러 오르면 넌 밝아져 있다 어느새 넌 이스트를 넣어 부풀린 살가운 빵이다

부드러운 너의 식욕은 성기를 길게 늘어뜨리고 고요히 눈 감고 서서

성형의 밤

모두가 잠드는 밤
어둠의 발자국을 되짚어 촛불로 오시는 당신

일렁이는 촛불에 드러나는 당신의 얼굴은
힘겨운 등고선이 끊어지는 얼굴

묵주알 꼭 쥔 당신의 기도는 경련을 일으키는 것
얼굴 속 당신의 얼굴들 지나가는 것

흔들리는 촛불은 오늘밤도
당신을 포기할 줄 모른다

제3부
검은 새

밀양

레일이 젖고 있는 밀양역에 열차가 멈춘다

선박들은 술렁이며 항구로 자꾸 몸을 밀어 넣었다
불혹을 훌쩍 넘긴 사내의 소주잔에 고이고 또 고이는 얘기는 밤 열두 시를 넘기고 있었다

그러니까 사내는 짜장면집 배달꾼 박 씨였다가 찬바람이 인적을 쓸고 가는 어느 골목 붕어빵 장수 최 씨였다가 그리곤 쉴 새 없이 분주한 숯불갈비집 불맨 홍 씨였다.

어느 날 아무 연고 없는 항구로 떠난 사내의 얘기는 뚝 그치고 차창 빗방울 하나에 맺혀 오는 세상,
잠시 정차해 레일을 쥐었던 열차가 미끄러져 간다

소년 같은 마음으로 몰래 훔쳐보는 여자가 생겼다고 했다

삼월에 내리는 눈

불빛 뭉치는 창에 그가 머문다

하염없이 내리는 눈은 순간 잘 펴진 白旗를 흔든다 한 여자의 기침소리 등줄기로 쏟아져 가지 번는데

꽃망울 녹이는 하얀 시야를 다시 감싸 붉어지는 삼월, 삼월의 눈이 내린다

풍경을 둥글게 담는 꽃망울, 깜박거리는 눈망울, 기억하려는, 음표들, 삼월에,

삼월에 내리는 눈은 금방 녹고… 하얗게 열린 모니터에 떠듬떠듬 찍어놓은 발자국 스르륵 문 열고 나오면

어느새 발은 호젓한 시골 눈길에 묻힌다 눈시울에 달라붙다 사라지는 눈송이,

눈발에 온몸을 밀어 그를 한참 걸어도 그가 바로 선 자리는 아직 외롭다

그래, 아파서 아름다운 밤이 있었다 지금 삼월에 내리는 눈은, 그러나 마음의 戀歌이듯 아름다워서 아픈 밤을 얘기한다

그의 등으로 사연은 수북이 쌓여가고 눈발에 가물가물

한 창은 저 자신을 짚어보는데
그가 나를 걸을 즈음에야 발길을 되돌릴 수 있는 삼월,
폭설의 밤이다

역

옆 의자엔 여행용 가방이 불룩하게 앉아 있다

여행과 베이지색 코트의 소매는 낡아 보이지 않는다

평범하고 창백한 인상의 반쪽으로 흘러내리는 머리카락을 쓸어올리며 여자는 가닥을 식탁 위에서 끌어올리고 있다

아직은 가닥이 굵은 對角의 시선과 관념을 후르륵 끌어올려 단무지와 함께 씹는다

돌아오는 길인지 막 떠나는 길인지 미끄러운 가닥을 잡을 수 없지만 모처에 도착한 것은 아닐까

나는 점심때가 지난 오후의 풍경을 두둔한다

여자는 지금 허름한 중국집에서 짜장면 한 그릇의 깊이

를 끌어올리고 있다

길게 자란 물음을 집어 끌어올리고 있다

정든 골목

무거운 셔터의 주름을 말아올렸을 때
종합주가지수가 연중 최고치를 기록하고 大尾를 장식했다는
일면 굵고 큰 활자, 목구멍에 걸렸다 점포에서 밤을 샌
공기가 빠져나가는 사이 슬쩍 목 없는 마네킹의 아랫도리를 만져보았다
고향 계곡에 가 동면 중인 개구리를 깨워 보신하겠다는 만두집 봉씨는
점심 때 지나 큰소리로 이층 당구장 사장을 불러냈고
식탁 위에 바둑판이 깔렸고
흑백의 시간이 흘렀다
돌의 사활에 참견하다가 난 돌들에게 말을 들었다

웃음을 쏟아놓고 여학생들이 지나갔다 그릇을 완강히 싸고 있는 랩을 벗겨내자
어제 먹다 만 짜장면 가닥이 불은 채 늘어졌고 플러그를 찾다가

환풍기를 돌렸다 입간판 위쪽은 여전히 깜박거렸고 높이는 버릇처럼

아래를 가리켰다 새 간판을 올린 삼겹살집 앞에선 취객 둘이 제 낯짝 마주 보듯 벌건

멱살을 끄집어 올렸다 골목 상인이 삐죽삐죽 모여들었고 서로를 죽일 것 같았지만

피는 흐르지 않았다

연극이 연극으로 끝날 수 있다는 생각이 들었다

빈 상자를 수거해 끌고가는 노파가 지나갔다 간판불과 네온빛은 서둘러

밤을 불러오고 또다시 노파가 느릿느릿 지나갔다 유니폼 입은 무리가 믿음을 합창하면서 환한

쇼윈도 앞을 흘러갔다

큰 입을 동그랗게 벌리면서

그들 모두가 할로겐 아래 어정쩡히 서 있는 날 쳐다보았을 때

고운 손 움직여 내 심장을 어루만진 건 마네킹이었다

연말이었다,

몸을 받지 못한 옷들은 부풀어 벽에서 펄럭였고 슈퍼 여자는

그물스타킹을 입고 나와 계산대에 앉은 어린 딸에게 재차 언질을 주었고 검은 숄을 오므리면서

출구 쪽으로 바삐 사라져갔다 그 야무진 꽁무니 뒤꽃다가 맞은편 변비로 고생하고 있는

도서 대여점 쥔과 눈이 마주쳤다 여자 꽁무니에서 떨어진 것이

파닥거렸다, 눈빛 거둔 뒤

골목 안에 있는 우린 서로에게 건너가지 않았다 어떤 치욕이 불현듯 치밀어 올랐고

멀리서 셔터 내리는 소리가 울려왔다

그믐달

겨울밤

비탈길

밤하늘

감나무

가계도

은밀한 만남을 즐긴 지 오래되었습니다

入村

목소리가 저음이고 동작이 굼뜬 옆집 할아버지는 중곡동 딸년이 놓고 갔다는 흰 강아지를 마당 쓰러지는 담벼락께 묶어 놓았다

제멋대로 뛰어 놀았거나 집안에서 사람 대접 받으며 자란 놈인지 해도 달도 없이 깽깽거린다

울지 마라, 울지 마라

밥그릇 들고 나온 할머니가 손을 내둘러도 개운치 않은지 얼굴로 흘러내린 털을 뽑아 버리듯 녀석은 연방 사납게 짖어댄다

한동안 이사 와 터를 못 잡는 새벽잠에 불쑥 주둥일 들이밀고 깽깽거렸다

또 얼마간은 목 굵어진 개가 멀리 짖어 꺼지는 잠, 되돌

아온 고요가 깊은 밤을 두드렸다

1980년—난교

여자의 독살스러운 눈빛이 여린 영혼을 태운 적 있다 무서운
여자는 덜렁거리는 방문 앞에서 엉덩이 하얗게 까고 술 냄새 풍기는 오줌을
질질질 쌌다 자길 언제든 줄 수 있다고 여자는 웃음을
실실 피워올리다 나른한 지퍼를 겨우 올리고 가더니 한 번은 향나무 속
제 한쪽 젖가슴을 인간적으로 정말 인간적으로 따뜻하게 내주었다 빨랫줄에 조각조각 걸린
살덩이 달라붙고 벽에서 애국가 울려오는 밤에 여자는 바람이 무릎까지 차 오른
부츠를 신고 방까지 들어와 쓰러졌다
그런 달콤하고 질긴 가죽이
오징어 다리로 늘어나 밤새 씹으면서 놀았다 또 한 번은 아주 오래 전 이불 속 젖내음 빛
브라자와 팬티만 걸치고 개새끼! 하면서 멱살을 움켜쥐었다 나쁜 피라고

눈을 벙어리로 만들고 입을 멀게 하는 여자가 어디로든
흐물흐물 새어나갔다가 얼굴 쓰고 돌아오는 여자가
내가 죽이기 전에 죽을 줄 아는 그 여자가…

어머니,
당신의 몇 겹 봉분을 벗기고 있어요
옆구리 터진 걸 알잖아요 더 이상 고집 피우지 마세요
이제 그만 열어주세요

소파

— 글쎄, 잘 떠오르지 않아요.

— 집이 꼭 열리지 않는 시간 같았어요 뜨락 한쪽엔 봉숭아 분홍 꽃잎이 수줍게 올라와 있었죠 햇살 밝은 유월의 오후였던 것 같은데

— 글쎄, 뭘 했다기보다는… 거실로 통하는 문은 모두 닫힌 상태였고 넓은 거실 중앙에 일인용 소파만이 덩그러니 놓여 있었죠 소파는 담배를 물고 뻐끔뻐끔 숨을 쉬고 있었죠 게으른 커튼이 6월의 햇살에 뒤척이는 것을 멀거니 바라보면서

— 현관에 그냥 멈춰 있었어요 인기척을 느꼈는지 소파가 날 바라봤죠 순간 소름이 돋는 것 같았어요 서 있기도 그렇고 그냥 돌아서기도 뭐해 소파에게 말을 걸어봤어요 고갤 돌려 정면을 응시하면서 검은 가죽의 소파가 말하더군요 집 안에서 리는못 된기운을 누 르 고 있다고, 굵고 탁

한 게 무언가 긁는 소리 같았어요 그날 소파를 찾아갔던 용건이 있었는데

— 모르겠어요 골목에 나앉은 洞里 여자들에게 소파에 대해 물으면 그 중 누가 글쎄요, 요즈음 뜸하시죠 아마, 라고 대답하는 식이었죠 소파가 그렇듯 소파의 탄력에 대해선 입을 다물더군요

— 저녁 무렵 먹먹해진 소파의 창을 바라보다가 멀리 불빛 몇 점 깜박이는 이슥한 밤에도 훔쳐보듯 봤는데 여전히 불이 꺼져 있더군요 어둠 속에서 혼자 빨갛게 어둠을 태우고 있을 소파가 떠올랐죠 관절이 풀려 아늑해지는 소파와 못된 기운을 지그시 누르고 있을 소파를

— 집에 그냥 있었어요 늦게까지 인터넷하다 불 끄고 잠든 것 같은데 창이 활짝 열리고 나비들이 한꺼번에 몰려와 소파 위에서 팔랑거렸죠 꿈이었는지 생각이었는지, 그

날 밤 꿈을 많이 꿨는데 무슨 꿈을 꿨는지 얼마간 가물거리다가 금방 사라지고 말았죠

— 더 이상 떠오르는 게 없어요 다만 소파가 완성된 사실을 뒤늦게 확인한 셈이죠

살아있는 짐승

며칠 푹푹 내린 눈으로 마음 밝아도 어둑해지면 골짜기 깊게 자라다 여우도 아닌 것이 늑대도 아닌 것이 발목을 눈 속에 빠뜨리며 속절없이 어슬렁거리다

뭘 의지해 죽지 않는 몸뚱이를 숨길까, 발자국 어지러이 모으다 훌쩍 산자락으로 내려와 불빛 고인 창으로 뜨거운 눈망울 굴릴 것 같은데

그리움을 붙들고 있는 삭정이, 개 짖는 소리에 놀라 발밑으로 쏟아지고 저 홀로 다시 깜짝 놀라 가슴 쓸어올리며 발길을 돌리다 돌아갈 데 떠올리지 못해 고개를 자꾸 돌리다

긴 털 휘날리며 한 움큼 달빛이라도 먹고 갔으면 좋겠다 싶어 저기 산마루께 올려다 보는데, 발가락 사이 시려오는데

고향이

1

너는 너를 꿰맨 자국이 없다.

2

한 마리로 피었는가, 한 송이로 웅크렸는가, 너는 늘 거기에 있다

3

저녁 무렵 여자가 작대기를 들고 괭이를 쫓았다 괭이야, 고양이가 담장에서 뛰어내렸다

4

밤은 또다시 응축된다, 사람 속을 통과해 밤의 윤기 같은 눈빛이 홀연히 어둠 저편으로 사라질 때

궁남지

빗줄기
가장 최근에
'인도차이나' 라는 맥주집에서 보였던 주렴
누가 안쪽인지 알 수 없게
테이블과 테이블 사이 흔들리며
흔들리며 알알이 흘러내리던 주렴들
버드나무 잎사귀 화르르 늘어지던
겨울
부여읍
동남리
연꽃이 젤 먼저 피었다던
연꽃잎 졌다던

저수지의 노래

모자챙의 그늘 속에 빛나는 눈을 가진
사내가 불쑥 언덕을 넘어왔다 장화를 신은 그의 발이 내 등을
저벅저벅 밟고 지나가 저수지를 향해 내려갔다

둑길을 걸어가다 산 그림자 겹쳐진 어느 지점에 앉아
낚싯줄을 드리우자 저수지의 입구가 열렸다

발치로 파문이 밀려왔다 그의 손목을 타고
낚싯줄을 타고 산란하는
그의 시간을 타고 작은 물고기들이 저수지 속으로 헤엄쳐 가기 시작했다

저수지는 금세 사내의 것이 되었다
저수지의 깊이와 어둠은 사내의 것이 되었다

사내는 모자챙을 누르고 잠잠해지는 저수지의

숨결과 같이 고요한 자세로 앉아 햇살에
비늘을 파닥이며 돌아올 큰 물고기를 기다리는 것이
었다

푸드득 새가 튀어 오르는 언덕에 앉아 나는 그를 한참
바라보았다, 내 안에 웅크리고 있다가 걸어나온 그를

바람이 잔잔한 수면을 쓸고 지나갈 때마다
가라앉은, 끊임없이 가라앉는 것이, 아 가라앉아야 할
것들이
무늬를 남긴다

나쁜 시

밤 깊어
아이가 엄마를 부른다

(엄마아아아아아아—

엄마아아아, 엄마는 없고
골목 어귀 앙상해진 나무
소스라친다)

엄마를 부르다 지쳐 아이는
엉엉 소리내어 울기 시작한다
기분 나쁜 밤,

(네 울음은 울음을 부르는
울음소리다, 털빛 고운 흰 새들 엉엉
목구멍을 타고 빠져나간다)

담벼락과 담벼락 사이
웅크리고 우는 새끼 고양이처럼 아이는
이제 바람에 태워 날숨 그대로 운다

(엄마, 엄마 소리 잊고
두꺼운 밤을 향해 엄마를 부르는 소리는
슬픔의 기원을 새겨두는 것, 세계를 부르면서
세계를 건너가고 있다)

골목은 이윽고
찬바람 부리며 돌아가고
아이는 저 홀로 괄호 밖에서
잠잠해졌다

제4부
두 번째 고해

흰 달

정월 대보름날 모처럼 달과 놀고 싶어 큰집으로 올라가다 어머니와 오붓하게 잡곡밥에 이 나물 저 나물 맛있게 먹고는 급체하다 눈 침침한 어머니 무명실로 저리도록 묶은 다음 바늘로 엄지손가락을 따자 검은 피 방울져 맺혀오다 속 좀 내려갔느냐, 불 꺼놓고 혼자 방에 누워 창으로 떠오른 달 바라보다 고개 돌리다

내게 마술이라는 것은

밤 이슥토록 야근하고 버스 종점에 내려 캄캄한 길을 걸어온 형이 장발과 어깨에 잔뜩 이고 온 눈송이 빛 같은 것이다 방문 밀고 들어오는 형 눈빛에 얼른 카시미롱 이불 속 스뎅 밥그릇 더듬어 오며 늘어나는 어머니의 손길 같은 것이며 부엌에 나가 달각거리는 팔각 성냥통 쥐고 단 한 번 그어 치지직 일으키는 성냥 불꽃 같은 것이다 파랗게 돋아난 풍롯불 위에서 끓는 된장찌개 소리에 어느새 입 다무는 허름한 부엌창, 밥상 위에 올려져 뚝배기와 함께 언제까지나 보글보글 끓을 된장찌개 같은 것이다 어느 참에 넌지시 형 옆에 앉아 무언가 어림해 물어볼 듯하다가 밥 먹는 양을 물끄러미 지켜보는 어머니의 눈길, 이불 속에서 채이던 스뎅 밥그릇 찾아 자꾸만 꼼지락대는 아랫목 내 어린 발가락 같은 것이다

그렇게 사륵사륵 머리맡 변두리 골목 눈 깊어가는 밤

내게 마술이라는 것은,

지금 내게 마술을 거는 것은 이제 그런 밤은 없다고, 그런 밤은 없었다고 마음을 채근질하고 가는, 유리창 밖 어

둔 바람 한 줄기 같은 것이다

오래된 냄비

지금 라면을 끓이는 것은
바람 쓸어 불빛 차가운 골목 어귀
라면 두 봉지 사 들고 찾아간 움막 같은 구두수선집
해어진 길들
지금 라면이 끓는 것은
병 깊은 아버지
구두를 닦고 굽을 갈고
세상 귀퉁이를 꿰매는 친구
한쪽 손잡이가 덜컥거리는 양은 냄비
지금 밤늦게 라면을 끓이는 것은
곪은 눈알이 모여 있는 연탄불
시커멓게 탄 냄비 바닥에서
간신히 떠오르는 달
탕약 달이듯 끓인
라면을 수북이 담은 냄비 뚜껑
수납장 구석지고 어두운 곳에서 찾아낸 냄비로
지금 라면을 팔팔 끓여주는 것은

국물까지 다 먹은 뒤에야 바라보던 겨울밤
그 불빛

물푸레와 느티 사이

빨랫줄은
時間을 당겨오는가,

몇 년째 늙지 않고
팽팽해
물 푸지게
쓰는

뚝뚝 떨어져
땅에 고여 스미는 물의 나이
를 짐작할 수 없는

그늘진 수돗가,

잘 자란
느티나무를
물푸레나무로 착각하게

만드는

훔쳐올 생활은 없고
죽 널린 구름을 펄럭여
담장을 높이는

잘 자란
물푸레나무를
느티나무로 착각하게
만드는

그 수령樹齡을 알 수가
없는

행상

아, 입벌린 하수구로 빠져나가지 못한 긴 머리카락들 서로의 상념을 물고 뒤엉켜 있다
어젯밤 우리들의 길고 추운 밤과 닮았다

잠시 놀랄 뿐 내 시는 반성하지 않는다
위기의 그늘이 겹겹이 드리워도 캄캄한 위기는 닥쳐오지 않는다

이미 그댄 내 나태한 시를 알아버렸다
아침 일찍 머리 감고 화장대 거울 앞에서 생활을 곱게 빗질하다가 그대로 길의 숲, 을 이고 나갔다

블루에 대하여

원룸 벽엔 「그랑블루」의 포스터가 걸려 있다 방 크기에 비해 너무 큰 바다, 맥주병에서 솟아오른 거품이 방바닥으로 시간을 쏟아낸다 옷과 직업과 희망을 벗어야 잠이 오는 침대 위에서 물고기가 밤새 빚는 상형문자, 침대 밑에서 깨어나면 흐릿한 조도를 타고 Right here waiting for you— 리차드 막스의 간절한 목이 울리고 돌고래는 높은 음을 물고 튀어올랐다 리플레이되고 예민한 손은 리플레이되었다 가슴을 물컹 만지면 둔부는 동그스름하게 슬픔을 말아쥐었다 스스로 빛이 되어 블루 속 심해로 들어가려는 잠수부, 벽시계는 블루를 빨고 그 방은 돌아오지 않는 잠수부를 기다렸다 깜박이던 등대, 새벽 어스름이 커튼의 쪽잠을 깨우면 둔부 위로 흰 바위가 겹쳐져 내려앉는 아침이 왔다 포스터 아래 휘어진 열쇠가 아침빛에 감각적으로 웅크리곤 했다

11월

대문 앞에서 강아지가 입 벌린 채 죽었다

한밤중이면 딸랑이는 소리,

서늘해지는 바람 자락 이불 속 발목까지 끌고왔다 저 혼자 멀어지곤 했다

어린 것을 보자기에 싸면서 아내는 방울소린 다 울렸을 거라고

삽 들어가는 자리, 땅을 찍으며 대문 앞 경직의 순간순간을 떠올린다

마지막 숨 내려놓은 아내는 작아진 나무처럼 움츠리고서 손전등으로 무덤을 비춰준다

돌멩이 삽날에 부딪혀 몸을 울리고 자꾸만 흙을 파내도

한기가 뭉치는 땅 속,

흔들리면서 떨면서 맺히듯 가만히 들어가는 게 있다

잠시 허리 곧게 펴고 높이 올려다 보는 밤하늘,

강아지와 아내와 내가 손전등 빛 엷게 번져가는 달 안에서 달을 판다

미사리

내 누이 쉰 넘어 시집을 간대요 끝내 복숭아빛 어리는 낯 수줍어 시집을 간대요 그 남자 보러 누이의 강변 찾아 갔지요

인사하고 악수하고 소주 석 잔 급히 받아 마시고 강변 둑길 올라서면서 봤어요 화려한 카페와 주택들 사이 남아 떨고 있는 두충나무숲을, 자주 돌아눕던 사랑처럼 하늘 길 앙상히 오르는 密植의 숲, 누이가 바라보던 석양 찔러 피 흘리게 하던, 어둑한 먼지 뒤집어쓴 가지 사이 고개 숙여 걸어갔지요

다라이에 더운 물 받아 구석구석 씻겨주고 그 남자 모르는 속주름 쓸어주고 싶었어요 그러면 누이의 뽀오얀 살빛 드러나고 새순이 가지마다 화르르 올라올 듯 했어요 강변 고운 모래 누이의 능선 타고 목 밑까지 차올라 두충나무숲 저대로 물결칠 것 같았어요

강변 둑길 따라 도란도란 말소리 멀어지고 누이의 쪽배 홍등홍등 아스라이 흘러갔지요 속 깊은 눈빛 강 건너 가빛나고 하류로 흐르던 꽃잎 이따금 바람을 빌려와 상류로

거슬러 올랐어요

故 죽음의 누추한 비문

바닥은 깊고 서늘하다 불 꺼진 접객실,

나는 오늘의 주인을 모른다 죽음에 이르기 전부터 그의 삶을 추억하는 술자리에 몇 번 끼었을 뿐이다 그가 몇 권의 시집을 냈고 출판 일에 열성을 가졌음과 『청산을 부른다』라는 시집이 있다는 걸 아는 정도다, 그의 죽음에 와야 했다

췌장이 녹아내린 그의 삶과 죽음의 내력은 내게 큰 슬픔을 주지 못한다 그가 오늘 내게 주는 것은 간간이 긴 복도를 타고 와 내 몸 위로 드러눕는 이상한 조도와 불안과 유폐의 분위기다 밀려난 상 위에서 뒹구는 소주병이 으스스 비워내는 검푸른 향내다

죽음 앞에 이른 생의 진면목을 안경 너머의 눈으로 지켜보는 이가 있다

들빛이 좋아 산빛이 좋아 청산으로 청산으로 돌아가는 이가 있다

그 사이 어둠에 남아 바닥에 그대로 누워 있는 내가 있다

온전히 삼위三位를 이루듯 평화롭다

삶은 내내 힘들었을 뿐이다

녹우

어느덧 숲이 성큼 다가왔다 뭉게뭉게 피어오르는 초록의 구름 바라보다 오늘은 극진한 창을 쉬게 하고 숲으로 간다 구름은 흘러갔으나 구름의 주인은 저 자신이었으나 거듭하여 수액을 끌어올리는 한 그루 나무가 나를 끌고 간다 무수한 이파리들 가지를 떠나 흩어지며 얼마나 공중을 깊게 하였는가 메마른 눈동자 더는 참지 못하고 뚝뚝 떨어져 귓바퀴로 뒹굴고 빈 줄기와 가지는 失明의 지팡이가 되어 공중을 가리켰느니 어느 참혹했던 가을녘 헐벗음으로 자라난 잡목이 일제히 일어나 바람보다 먼저 영원을 불러도 겹겹의 창을 열고 죽은 듯 살아오는 저 해와 달과 별의 하늘은 흘러가고 흘러오는 모든 것의 서늘한 배경이 되어 스스로 침묵에 드는 대답 거느렸느니 가장 낮은 넋으로 속삭이는 뿌리 저를 온전히 거두어 살피고 있었느니 마침내 위로 오르고 아래로 흐르는 물줄기여, 순간순간 팽팽히 멈추다 부푸는 구름 속을 날아가는 새들의 음정으로 짙어지고 맑아지는 물줄기여, 젖는다, 발은, 언제 향기에 젖은 발자국을 찍으며 저를 흠모해 앞으로 나아가는가 오늘 이곳엔 길이 없으니 저기 그렁그렁 매달려 내딛고 있는 맨발들 올려보다 고개 적시고 내내 걸어가야 하리 한 무리 청춘에 물들었던 구름은 흔적을 지우고 사라졌으나 구름의 주인은 저 자신이었듯 내 詩는 끝나지 않을 것이나

호수

기찻길 지나가고 지붕들 낮아 나무가 높아지는 마을,
호수를 떠올리다 이정표 잃고 길과 자동차가 짐이 되는 참이었네

쿨렁쿨렁 건널목 넘어 마을 어귀로 들어가다가 골목에서 부드럽고 즐거운
바람을 몰고 오듯 곡선으로 돌아나오는 은륜을 만나고 말았네

끼이익, 깜짝 놀랐다는 표정을 짓던 소녀는 유리 속 안색을 살피더니 금방
싱긋이 웃음을 달아주었네 페달을 천천히 밟으며 백미러 빛으로 멀리 사라져갔네

길과 백미러를 세워놓고 파랗게 물드는 호수를 내려다보고 있었네
빛을 감아쥔 은륜이 미루나무 물오른 잎사귀들에게 빛

살을 뿌리며 호수로 달려오고 있었네

새 부리가 찍어놓고 가는 둥근 파문에서 얼굴이 둥둥 떠오르고 있었네

얼굴을 지우면서 가라앉고 있었네 얼굴을 바꾸는 얼굴이 연이어 올라오고 있었네

등 뒤 빛무리 속에서 웃음을 매달고 은륜이 달려오고 있었네

호수가 하늘에게 비망록을 읽혀주고 있었네

고해

사도신경使徒信經을 몇 번이고 암송하라는
보속保續을 주고 신부는 문 닫고 나갔다
전능하신 천주 성부 천주의…
나는 고해소를 나가지 않았다
무릎 꿇고 그대로 두 손 모아 작은 구멍 속
검은 사제복이 남기고 간 한 덩이 어둠에
내 新婦 마냥 하얀 미사보를 머리에 얹고
다소곳이 앉는 이를 보았다
미사보 흰 빛이 얼굴을 다 가리진 못했다
그이는 금세 눈 코 입 흐려져
뭉툭한 그림자로 바뀌었다 한 번 지나온 길이
새로운 예감을 불러오듯 침묵이 흘렀다
바오로야, 바오로야, 이층에서 미사의 집전을
알리는 성가곡이 울려오고 그림자는
빵처럼 부풀어올랐다
어머니였다

제5부

안개속 아이가 준 선물

사우나에 핀 나팔꽃 세 송이

수북한 거웃 사이 대물을 선망하는

꽃, 꽃 피었다 땀방울 고여 흐르는 뱃살 깊은 데서 나팔꽃 또 피었다

그리고 아직은 뒤집을 수 없는 모래시계 속 묵묵히 열사를 건너가는 낙타 한 마리

배웅

병아리 떼 종종종 산수유꽃 머리 위에서 피어나더군요
하얀 손수건 달고 초등학교 운동장에 들어서듯 목련꽃 망울 잇따라 열리더군요 벚꽃잎 팔랑팔랑 흩날리고 뻣뻣해진 허리 굽혀야 잔 바람결에 피어나는 꽃, 봄은 어김없지요, 웃고 인사하는 이웃에게 몇 걸음 지나 미안했습니다
밤을 타는 빗줄기는 땅 속 활자를 닦아내고 산에서 내려와 버스 시간을 묻곤 하던 隱者는 한동안 돌아오지 않더군요 물살 치는 강가 버드나무 가지는 머리 큰 아이가 맞는 회초리 같았습니다 때리는 가지가 먼저 우는 편모의 회초리 같았습니다 당신의 안부를 염려하는 동안에도 그 긴 가지 따라 꽃은 피고 지더군요

홑이불

아침상 밀치고 이불 반으로 접어 빨랫줄에 걸어놓았으나 이불 새로 바람 들락거리지도 햇살자락 들지도 않아 고추잠자리 앉았다 붉어지는 午前

이불 뒤집어 털어 다시 반으로 접어 빨랫줄에 걸어놓았으나 햇살자락 날리도록 바람 드세 묵은 이빨 같은 빨래집게 서넛 바람의 입을 봉하는 午後

탁란

송강 가는 길 맞아요 이 길 타면 곧잘 묻곤 합니다 정말 송강 가는 길 맞냐고 술 취한 사람은 화를 내기도 해요 저도 이 길 오랜만에 탑니다 문득 구멍처럼 이 길이 떠올랐던 거죠 손님 서 계셨던 곳 있죠, 거기? 거기선 이 길 타는 게 빨라요 옛날엔, 그러니까 단지가 들어서기 전만 해도 송강 가는 길은 이 길밖에 없었죠 요즘엔 거의 잊혀졌지만 무섭고 쓸쓸한 길이 돼버렸어요 오늘 같이 억세게 바람 부는 밤엔 꽤나 을씨년스럽죠 마치 세상을 빠져나가는 길 같죠? 속도 잡아먹는 사마귀 같은 카메라도 없는데 기사들도 엔간해선 밤길은 안 타려고 해요 고향이요? 그 고향이란 거 길 가다 잠시 들른 휴게소 같은 거 아닙니까? 몸 누인 데다 마음 꾸욱 눌러 앉히는 거죠 도시도 시골도 아닌 델 전전했어요 그럭저럭 시절 타면서 살아온 셈이죠 결국 사납금에 쫓겨 가며 핸들에 붙들린 꼴이 됐지만 동틀 때까지 쑤시고 다닌다는 표현이 낫겠죠? 흐흐, 내 새끼 꿈자리에 밤새 그릴 수 없는 지도를 그리는 거죠, 뭐 사실 누구라도 핸들 하나씩 쥐고 사는 거 아닙니까? 간혹 모르는 길이라도 불쑥 내질러 쏘고 싶을 때가 있더라구요 손님도 운전하실 줄 알죠? 어, 빗방울이 떨어지네요 이럴 줄 알았다니까요 하늘이 착 가라앉더니 저 잎새기들 떼져 몰려가는 것 좀 봐요 아무래도 오늘 날씨가 좀 음산하고 뒤숭숭하죠? 날망 너머 송강에 도착하면 편의점에 들러 야참이라도 좀 먹어야겠어요 이놈의 뱃속도 핸들마냥 귀신같아서 손님, 손님, 송강 가는 길 맞죠?

폐왕성지

때 지어 푸른 말들이 수평선으로 달려가는 해안을 지나와 폐왕성지廢王城址를 묻는다

매일같이 호사스런 연회를 베풀던 고려 의종이 무신 정중부의 반란에 쫓겨와 살던 성이라 하고는 성 안에 연못이 하나 있다 한다 폐왕성지를 다시 묻는데 거제에서 새길을 내 관광지로 발전시킬 예정이고 성지에 올라가면 통영이 굽어보인다 덧붙인다

관광지 폐왕성지에 대해 또 묻는데 환갑 지나 고희를 넘겼다는 노인은 육이오 때 백 사람 넘게 전쟁터에 나갔다가 거반 죽고 살아 돌아온 장정들도 병들어 죽어 이젠 고장에 자신밖에 남지 않았다 한다

유치환 생가에 들러 「出生記」를 읽었음을 기억한다 한때 다사로운 남쪽 볕과 앉아 있던 초가의 툇마루, 〈폐왕성지 3.5Km〉 안내 푯말을 지난다 허무가 급하게 덮쳐오지 않는다면 왕복거리는 7Km 남짓, 화살표 달려간 방향으로 천천히 걸어간다

지금 알 수 있는 것이란 그리움이 밀려왔을 땐 몸이 먼

저 알아 나갈 길 열어줬다는 것, 다만 폐왕성지 위에 서서 견내량 수로를 오른쪽에 두고 멀리 통영을 굽어볼 참이다
아직 갈아엎지 않은 논에서 올라온 가늘고 푸른 빛을 염소가 뜯어 먹고 있다

두 줄기 잉크가 흐를 때

詩를 쓰다 비감에 젖고
밤안개 내리면
더 짙은 안개를 걷는 밤.

깊은 밤의 탐조등이듯
뜨문뜨문 자동차 불빛 다가왔다 사라지는 밤거리 어디쯤,
통닭 냄새 콧속으로 환히 흘러드는 불 꺼진 가게 앞을 지날 때
작은 가게에 딸린 방으로부터 흘러나오는 빛을 의지해
무언가 열심히 쓰던 여자와
방문턱에 서서 여자의 등을 지켜보던 잠옷차림의
쬐끄만 아이

무언가 쓰며 하루를 맺는 아이의 엄마와
엄마 품속을 말없이 기다리는 엄마의 아이,

안개의 눈을 닦아주는 밤

엄마를 지켜보고 있는 아이에게 가만히 다가가 밀착하는 밤

엄마 손이 아이에게 닿듯이
펜을 쥔 엄마 손 위로 아이의 작고 푸른 손 포개져 스미는 밤

악센트

헐거워진 재킷 단추 하나 정류장에 매달려 달랑거리다 재래시장 후미진 골목 끄트머리쯤서 봤던 옷 수선집을 기억해내다 새가 모이를 쪼듯 잰 솜씨로 단추 구멍에 바늘을 넣었다 빼던 여자가 기다리라고 자신이 앉았던 작은 의자를 가리키다 맞은편 달력에 그려진 빨간 단추 하나 발견하다 몇 초 안 지나 이빨로 실을 끊더니 여자가 재킷 품을 크게 벌리면서 나를 부른다 단추가 배꼽에 가 닿을 즈음 여자가 내 눈을 똑바로 보면서 자신과 나 사이로 손가락 셋을 곧추세우다 3000원 이라고 아주 작게 속삭이다

열아홉 번째 불면

풀섶 제비꽃과 다섯 번 눈 맞췄다
여자는 뒤척이다 또렷한
턱선까지 이불자락을 끌어덮는다
이제 그만 이사를 가야 한다
바람은 여전히 멈추지 않고
눈 감고 집안의 모든
유리창을 세어본다
밤 공중으로 열여덟 개의 유리창을
하나 둘 띄워 보내는 것이다
열여덟 개의 불면을
뚫고 와 맑게 씻겨 맺히는
별빛 하나 헤아려보는 것이다
바람을 깨워 유혹을 품는 마지막 밤이다
내일이면 이사를 가야 한다

의자

간이 정류장

낮 스치던 빗방울 눈송이로 변하더니

느닷없이 몰려오는 눈발

빈 의자 위로 달려든다

세상 어디 돌아서 오는

버스는 늦고 고개 너머

버스는 또 늦고

나는 속절없이 눈발을 하얗게 받아내고 있는 등받이 없는

의자를 본다

찬 바람 끌고 마구 들이치는

눈발을 본다

의자에 내려앉기 전

잇달아 세상에서 몰려오는 의자를

허공을 짚고

정지한 듯

저를 짚어 붐벼오는 것을

눈발 속

눈발의 도가니를

호도백

1

어깨에 힘이 들어가는 휘황한 거리를 그가 찾아왔다 풍향계 따라 자꾸만 꺾이는 길을 그의 긴 방랑이 스치던 중이었다 웃음과 함께 음계를 기억하지 못하는 피리를 불었다 삐이 삐 삐 삐 삐— 맑은 술잔에 떨어지는 흐린 눈초리들 사이로 피리를 불어댔다 먼지 낀 검붉은 얼굴에 세월이 닿지 않는 창, 그 안으로 난 스며들었다 바람에 숭숭 뚫리고 남은 말을 떠듬떠듬 이어갔다 고향과 형제를 물었고 고향을 다시 물었고 그는 여기, 여기라고 반복했다 뿔피리 소리 거리와 골목을 돌고 돌면 거리와 골목은 망각을 불러온 듯 환했고 삐이 삐 삐 삐 삐— 그는 공중을 향해 피리를 불어댔다 몇 번의 실랑이가 벌어져 다리가 빽빽이 모여들었고 호루라기 소리가 밤하늘에서 길게 울려왔다 그건 점점 높아지는 고원의 음악으로 변해갔다

2

일기예보를 어긴 적설의 꿈들이 빙빙 밤하늘을 떠도는

날, 벙거지 눌러쓰고 그는 맑은 피처럼 씨익 웃으며 한 마디 물었다 내게 대답을 기다린 것일까… 맑은 피처럼 다시 웃었다 나도 따라 웃었다 그때 다물고 있던 입에선 얼음이 엉겼다 말과 입이 서로를 배신하고 있음을 알았다 부풀어오른 것이 수다스러운 거리의 조명처럼 한 순간에 꺼질 수 있음을, 그는 뒷주머니에 영혼을 숨기듯 피리를 눌러 꽂았고 눈발 속으로 나아갔다 우두커니 서서 허름한 등을 지우며 눈발이 들이치는 걸 보았다 손에서 뭉쳐진 돌이 떨어졌다 그때 도로는 정체되어 자동차들은 붉은 행렬을 이루었고 그보다 느리게 나아갔다 토막 난 물고기의 힘겨운 움직임 같은 것이었다 거리엔 독감이 돌았고 모든 길은 딱딱한 건물 속으로 들어갔다

3

집 앞 향나무의 키가 작아졌다 외풍은 쉽게 그 진상을 드러내지 않았고 길은 옷깃을 여몄고 간혹 그를 걷는 길, 골목 귀퉁이에 고인 어둠은 얼음의 심장을 키워냈다 무심

히 떠도는 거리의 주술에 묶였다 풀리면서 정체를 잃은 주검에 대한 보도를 듣곤 하였다

삐이 삐— 삐 삐 삐 삐—
마지막 플래시로 터질 것 같은 인상이 불쑥 떠오르면
이불 속으로 따라 들어온 訃音에 몸을 웅크려야 한다

멀리 눈바람 스친다
호도백이 차갑게 죽어가고 있다

피리구멍 속에 누워 호도백이 산다
삐이 삐— 삐이 삐— 삐 삐 삐—

알

창 앞에 안개 자욱하다

사람들 몇 걸음 못 가 안개 되어 사라지고

아까부터 희미하게 늘어진 전깃줄 위에 새 한 마리 앉아 있다

꽁지를 까닥대며 꽁지와 부리의 방향을 바꾸고 있다

허공 깊은 곳엔 안개가 짙다

여행자

잠시 길은 숨을 죽인다
은행나무 잎잎 숨 고르고 난
찻길 건너를 본다 흰 모자 쓴 남자가
일손을 놓고 밖을 내다보는 하루의 저녁

지금 그는 빵 냄새 밴
눈을 가졌다 어느새 빵집 지붕으로 흘러와 머무는
구름도 가졌다 풍경을 풀어주고 그의
눈은 풍경의 결을 어루만진다

빵집 남자의 대화는 조용하다,
저녁 공기 안으로 스며 사라지는 것을
다 낡은 구두는 적으려 한다

갈아탈 버스는 오지 않고
빵 냄새 먼저 몰고 오는 저녁, 길 위에서 일어난
자전거가 달려온다

시간의 이중주를 감고 온다

□ **해설**

황혼을 등진 검은 실루엣과 동백의 수사

김춘식(문학평론가)

김열 시의 특징은 우수 짙은 정서와 시간의 흔적을 거슬러서 세계를 바라보는 특유의 감각적 시선에서 찾을 수 있다. 이번 시집에서 특히 이런 시인의 '감성적 특징'은 사물을 평범히 스쳐 지나가는 듯한 시인의 담담한 태도와 서로 대조를 이루는 내적인 '출렁임'을 독자로 하여금 자주 불러일으킨다. 마치 아무 일도 아니라는 듯이, 아무 일도 없었다는 듯이 차분하게 안정된 어조로 이야기를 서술하는 화자의 침착함과는 반대로 그의 시는 섬세한 상처와 돌이킬 수 없는 시간의 궤적을 소환함으로써 '기억' 속에 끊임없는 파장을 불러일으킨다.

기억의 힘이란 이런 것이 아닐까. 명징한 풍경으로 뚜렷이 우리 앞에 존재하기보다는 '흐릿한 실루엣' 으로 남아서 가슴 한 구석을 파고 들어오며 아릿한 '바람의 통증' 을 일으키는 그런 느낌 말이다. 김열 시인은 이 점에서 서사적인 기억이 아닌 '시적 기억' 속에 깊이 잠겨 있는 듯하다. 시적 기억이란 언제나 현재화 될 수 있는 감정과 느낌의 세계이다. 그것은 아주 오래되고 낡은 '흑백 사진' 이 서서히 색을 회복하면서 생생한 느낌으로 우리의 영혼에 다가오듯이 그렇게 기억 속에서 되살아난다. 머리가 아닌 가슴과 몸에서 먼저 기억을 호명하고 반응하는 그런 불가항력적인 '회감' 이 온몸을 감싸 안을 즈음이면 이제 이런 기억은 하나의 숙명이나 운명으로 여겨지기도 한다.

붉은 신호등 속 한 사람을 본다
속도 앞에서 근신하고 있는 그를 마주 본다
건너오지 못하는 그는 신발보다 먼저 발이 늙는 사람이다
붉게 타오르는 노을을 등진 언덕 위에 환영 같은
검은 실루엣을 남기는 사랑,
그는 항상 우리 앞에 도착하는 시간이다
(「시인의 말」)

위에 인용한 글은 시인의 이런 자의식을 암시하는 상징적인 구절이다. 이번 시집에서 시인은 이 글을 의식적으로 맨

앞에 배열하고 있는데, 시간과 기억, 그리고 스스로의 숙명에 대한 자의식을 시인은 이 글을 통해 함축적으로 드러내고 있다. 붉은 신호등 속에 언제나 멈춰 있는 한 사람은 '속도' 앞에서 근신하며 서 있는 시인의 자아를 암시한다. "붉게 타오르는 노을을 등 진 채" 속도를 반성하는 한 사람은 뒤에 남는 추억, 사랑, 그리고 매 순간 우리 앞에 도착하는 시간이다.

속도를 반성한다는 점에서 그는 속도에 뒤처지는 존재가 아니라 시간을 맞이하는 자이며 시간을 음미하며 기억 속에 보관하는 명상가이기도 하다. 그가 남겨 놓은 실루엣은 이 점에서 '기억의 마술' 을 통과한 시간의 잔존물, 즉 '시적 현재' 속에 되살아난 시간들이다.

그는 매순간 현재를 살고 있고 그의 앞에 도달한 모든 시간은 '과거' 가 아닌 현재 속에 그대로 응축되고 저장된다. 그것은 언제든지 새롭게 탄생될 수 있는 가능성들이며 '환영' 으로 남는 '검은 실루엣' 들이다.

'검은 실루엣' 은 이번 시집에서 김열 시인의 시적 세계를 관통하고 압축하는 가장 핵심적인 상징어이다. "붉게 타오르는 노을을 등진 언덕 위에 환영 같은 검은 실루엣" 이 그의 시적 세계를 함축적으로 보여주는 표현이라면, "신발보다 먼저 발이 늙는 사람" 은 모든 세상의 시간을 신화와 환영 속으로 돌려보내는 연금술사에 해당된다. 속도라는 시간의 본질을 '역행' 하는 자의 근본적인 역설이 바로 '신발' 보다

'발' 이 먼저 늙는 일에서 드러나는 건 아닐까. 그는 시간을 따라가지 않으므로 모든 시간은 언제나 신발이 아닌 그의 발 밑에 멈춘다. 그리고 붉은 환상이 되어 뒤로 번져간다.

이런 시인의 생각은 모든 기억을 환상적으로 변주하기 위한 출발점에 해당된다. 시간은 기억 속에서 촘촘하게 엮어지지 않고 엉성한 매듭들만을 잔뜩 만든다. 그 엉성함 속에서 시간은 사실이 아닌 '진정한 느낌' 으로 되살아 나게 된다.

밤 이슥토록 야근하고 버스 종점에 내려 캄캄한 길을 걸어온 형이 장발과 어깨에 잔뜩 이고 온 눈송이 빛 같은 것이다 방문 밀고 들어오는 형 눈빛에 얼른 카시미롱 이불 속 스뎅 밥그릇 더듬어 오며 늘어나는 어머니의 손길 같은 것이며 부엌에 나가 달각거리는 팔각 성냥통 쥐고 단 한 번 그어 치지직 일으키는 성냥 불꽃 같은 것이다 파랗게 돋아난 풍롯불 위에서 끓는 된장찌개 소리에 어느새 입 다무는 허름한 부엌창, 밥상 위에 올려져 뚝배기와 함께 언제까지나 보글보글 끓을 된장찌개 같은 것이다 어느 참에 넌지시 형 옆에 앉아 무언가 어림해 물어볼 듯하다가 밥 먹는 양을 물끄러미 지켜보는 어머니의 눈길, 이불 속에서 채이던 스뎅 밥그릇 찾아 자꾸만 꼼지락대는 아랫목 내 어린 발가락 같은 것이다

그렇게 사륵사륵 머리맡 변두리 골목 눈 깊어가는 밤
내게 마술이라는 것은,
지금 내게 마술을 거는 것은 이제 그런 밤은 없다고, 그런 밤은 없었다고 마음을 채근질하고 가는, 유리창 밖 어둔 바람 한 줄기 같은 것이다

―「내게 마술이라는 것은」 전문

위의 시에서 마술에 대한 시인의 생각은 '시적 마법', 즉 매순간 시간을 현재화 하며 평범한 일상에 '빛나는 순간'을 부여하고 포착하는 힘으로 요약된다. 그리고 지금 시인이 할 수 있는 일은 그런 '마법'이 존재하지 않는다는 '마음'을 애써 다스리는 일이다. 시인에게 진정한 마술은 '환상'을 믿는 일, 더불어 삶의 진정한 아름다움이 평범함 속에서 빛을 발하는 것을 '포착해 내는 힘'이다. 그러나 일상의 세계, 속도의 세계는 이런 환상과 마술을 망각시키고 부정한다. 기억 속에서 아름답게 존재하는 삶의 한때가, 아름다운 사랑이, 존재하지 않는다고, 사라져버렸다고 말하는 스스로의 생각에 마술을 거는 일은 이제는 그의 시적 자의식의 한 부분을 차지하는 중요한 행위라고 할 수 있다.

지나간 생애를 덮었다 펼쳐주듯
광장에서 지켜보던 내가 바라고 기다린 것은 무엇이었

을까,

여분의 수은주가 내려가고 구름은 제 살을
불렸지만 눈은 내리지 않았다

광장을 빠져나와 외투들 사이로 파고들어
어깨 나란히 걸었다

밤이 빛으로 오는 거리는 시끄럽고도 조용했다
어느 북적이는 거리를 검게 적시며 지나갔다

허벅지 깊은 데로
자꾸만 찬 입술을 대는 은빛 주화들,

너무 오래 세상과 나를 응시하면 안 된다

붉은 스카프는 광장에서 광장으로 돌아누웠고
그날 서성이던 구름은 눈을 빚지 않았다

꽉 다문 어금니 사이 풍장이라는 말
바람을 남기고 목구멍 아래로 넘어갔다

—「무거운 눈꺼풀」 부분

김열의 작품에서 묵시록적인 분위기를 느낄 수 있는 까닭은 그의 예언자적인 자세와 명상적 화법 때문이다. 시간에 대한 그의 명상은 '기다림' 으로 대변되며 그 기다림은 한 '생애' 의 의미에 대한 최종적인 질문으로 귀착된다.

"지나간 생애를 덮었다 펼쳐주듯/ 광장에서 지켜보던 내가 바라고 기다린 것은 무엇이었을까," 도시의 광장에서 그가 던지는 이런 질문은 실제로 염세적인 것이며 이런 분위기는 그의 시에 묵시록적인 중압감을 부여하는 한 원인이다. 실제로 시인은 예언적인 자세를 견지하며 언제나 '다음' 의 순간을, 그 '도래' 를 기다린다.

"너무 오래 세상과 나를 응시하면 안 된다// 붉은 스카프는 광장에서 광장으로 돌아누웠고/ 그날 서성이던 구름은 눈을 빚지 않았다// 꽉 다문 어금니 사이 풍장이라는 말/ 바람을 남기고 목구멍 아래로 넘어갔다" 와 같은 구절은, '서성이던 구름' 끝내 "눈을 빚지 않았다" 와 "붉은 스카프" 가 광장과 광장 사이를 반복해서 오가는 장면이 보여주듯이, 유보된 구원과 계시의 현현(epiphany)에 대한 예감으로 충만해 있다. 충만한 예감과 지루한 기다림, 이 둘 사이에서 '유보' 와 '반복' 을 견뎌야 하는 시인의 '비장감' 이 이 시에는 잘 나타나 있다.

시간과 기억에 대한 시인의 독특한 인식은 이 시에서도

'풍장' 이라는 말을 통해 그 모습을 드러낸다. 소진과 소멸이 한 육체와 존재의 숙명이라면, 시간은 흔적도 없이 사라지는 존재의 뒤편에 '검은 실루엣' 을 남기는 구원의 '전언' 에 해당된다. 늙어서 사라지는 존재와 그 뒤에 남는 '아름다운 기억' 혹은 '사랑의 흔적' 은 인간에게 주어진 숙명적인 시간의 의미를 드러내고 보여주는 유일한 증거라고 할 수 있다. 이것은 '날것' 으로서의 기억이 아니라 '실존' 을 관통한 시간의 궤적, 즉 '시적인 시간' 이다.

> 저 느티나무는 곧장 넓고 깊은 하늘로 오르고 싶었는지 모른다 그러나 높이를 줄이고 팔을 벌려 안을 넓혀 놓았다 한 자리에 붙박여 저와 더불어 사는 또 하나의 일생을 풀죽지 않게 다독여 왔다 밖으로 뛰쳐나가려는 본성을 넉넉한 품으로 감싸 안고 있다 아직도 천둥 번개 치는 캄캄한 날이면 덩치 커진 놈이 가지 이파리 죄다 놀라게 하는 포효를 터트리다가 답답한 먹가슴 쥐어뜯는다 쩍쩍 갈라터지는 구름 속으로 비를 몰고 오는 구름 속으로 우우 속절없이 괴성을 내지르며 가지 붙잡고 뒤흔들어 머리채 뿌리친다 푸른 이파리 뒤집히다 떨어지고 여린 팔목 부러진다 다치고 지치고 설운 몸뚱이, 숨결 고요해지도록 속울음 울어 뿌리 끝까지 젖기도 한다
>
> —「느티獸」 부분

시인이 자신의 내면을 응시하는 이런 시선은 사물을 바라보고 인식하는 태도에서도 동일하게 그 모습을 드러낸다. '느티나무' 를 바라보며 "높이를 줄이고 팔을 벌려 안을 넓혀 놓았다 한 자리에 붙박여 저와 더불어 사는 또 하나의 일생을 풀죽지 않게 다독여 왔다 밖으로 뛰쳐나가려는 본성을 넉넉한 품으로 감싸 안고 있다" 고 말하는 시인의 언어 속에는 시인이 지향하는 시적 자의식과 삶의 태도가 명확하게 나타난다.

우선, 하늘로 뻗어나가고 싶은 자신의 욕망을 억누른 채, 높이를 줄이고 내부를 넓힌 느티나무에는 밖으로 뛰쳐 나가려는 강한 열망을 스스로 다독이고 있는 시인의 모습이 역으로 투영된다. 이 점에서 느티나무는 곧 시인의 초상이기도 하다. 시인이 그린 자화상이 이처럼 넘치고 들끓는 욕망을 안에 품은 역동적인 것이라는 점에서 감성적이면서도 절제된 시인의 어조는 말 그대로 '정중동(靜中動)' 의 자세에서 나온 것이라고 할 수 있다.

속절없이 괴성을 지르고 "숨결 고요해지도록 속울음을 울어 뿌리 끝가지 젖" 는 느티나무의 내면적인 비애는 넓은 하늘로 곧장 오르고 싶은 '초월' 의 의지가 지상에 단단히 뿌리로 박혀 있기 때문에 생기는 것이다. 이런 장면은 천상과 지상 사이에서 번민하는 인간의 '실존적 고통' 에 대한 상징적

표현으로도 읽힌다. 다시 말해서 시인의 고통은 '천상' 을 향한 초월의 의지와 '하나의 일생을 단단히 품고자 하는 강한 지상의 양식' 사이의 모순에서 비롯되고 있는 것이다. 이점은 김열 시인의 시적 세계가 지닌 이중성을 잘 보여주는 것이다.

앞의 시에서도 살펴보았듯이, 그의 작품은 지상의 일상이 '아름답게 빛나는 순간' 을 포착하는 '마술' 에 바쳐진 것이다. 그리고 이런 '마술' 은 '지상' 의 순간성과 '천상' 의 영원성 혹은 '초월' 사이의 간극을 지우기 위한 지속적인 작업이라고 할 수 있다.

김열의 시가 지상의 미학인 '사라짐' 과 '묵시록적인 종언' 에 대한 기다림으로 특징지어지는 것은 이 점에서 그의 지상성과 천상성에 대한 태도에서 연유되는 것으로 보인다. 사라져 가는 것들의 비애, 모든 육체를 지닌 것들의 비애를 '시간' 이라는 화두를 통해 펼쳐 보이면서 그는 자신이 끊임없이 '천상' 과 '초월' 을 향한 열망에 시달려 왔음을 고백한다. 결국 그에게 시를 쓰는 행위는 천상을 향한 열망을 다독여 '지상의 양식' 과 '아름다움' 으로 가라앉히고 음미하는 작업에 다름이 아닌 것이다. 이 점에서 그의 작품은 들끓는 열망과 그것을 자신의 내부에서 감싸 안고 견디는 '견인의 형식' 또는 '유보의 형식' 을 지니고 있다.

낡은 구두
솔질하다 멈추고 본다
말표 구두藥 뚜껑 위에 그려진
앞다리 치세우고 갈기 휘날리며 달리는 흑마를 본다
따각따각 먼지 일으켜 질풍 속으로
뚜껑을 뛰쳐나와 잇달아 질풍 속으로 달려가는 말

구두약 둥근 뚜껑 안에서
말달리도록 맨 처음 고안한 사람의 마음과
손을 넣어 구두를 빛나게 닦아주는 푸른 풀밭 같은 마음을 생각한다
집으로 돌아와 풀밭 위로 밤을 누이는 말을 생각한다
아침이면 새로운 바람을 불러오는 말

—「말」 부분

지금 '말표 구두의 뚜껑'에서 시인이 읽어내고 있는 것은 무엇인가. '낡은 구두'와 "질풍 속으로 달려가는 말"의 선명한 대비.

시인은 말처럼 강한 생명력을 내부에 품은 채 '낡은 구두'라는 존재의 현실적 조건, 즉 일상을 바라본다. '낡은 구두'를 '빛나게 닦아주는 푸른 풀밭 같은 마음'을 생각하는 시인의 자세는 이 순간 '견인적인 것'이 된다. 낡은 구두에게 생

명을 불어 넣어 주고 말달리게 하는 힘, 그 힘을 지상적인 가치 혹은 아름다움이라고 한다면 시인의 초월과 해방에 대한 의지는 미래에 대한 희망과 '견인주의' 로부터 획득된다. 이 점이 김열 시인의 특징이다.

'역동적인 말' 의 힘이 낡은 구두에 생명을 제대로 불어 넣어주기까지 필연적으로 거쳐야 할 '무엇' 이 있다는 것. 그 무엇을 굳이 이름 붙인다면 '생의 한 순간' 을 아름답고 빛나게 호명해 줄 수 있는 어떤 마음이 아닐까.

> 동백이 나를 물끄러미 바라보았다.
> 모든 걸 겨울 동백이 말해주리라 믿고 찾았던 것, 좁고 긴 낭하가 걸어왔다
> 바다와 방파제의 희디흰 몸 섞음과 구름을 가르고 나온 햇살과의 일별, 파란 물결이 여수를 떠나는 선박에게 동백의 이름을 주었다
> 언덕 골목길 타고 올라가 해풍에 흔들리기 시작하는 불빛들, 그것들이 일으키는 동백의 신열
> 차표 쥔 사람들로 역사는 붐비고 花信의 밤 열차는 홍성이며 북상했다 하얀 혈류가 발밑을 빠르게 지나갔다
> 눈에서 흘러나온 얼룩 같은 불빛 밤바다와 허공에 맺히면 어느새 다가와 어두운 등을 핥고 있는 길목, 정류장은 다시 걸었다

한 여자가 돌연 팔목을 붙잡고 늘어져 올려다보는 눈길엔 홍정할 수 없는 물결이 몰려 와 출렁였는가

불 끄고 여관 방에 누웠을 때 뱃속으로 한꺼번에 동백 꽃잎이 밀려왔다

배고픔이 밀려온다

처음이듯 배고픔은 밀려오는데 어둠 속

어깨 펴고 반듯이 누워보는 것은 공복에 대한 그리움이 아주 오랜만에 일어났다는 것, 밤새 동백의 修辭는 멈추지 않을 것이다

덜컹거리는 창가 파란 잎새와 머무는 목덜미 긴 동백.

—「동백」 전문

시인에게 이제 남은 '화두' 란 무엇일까. '동백' 은 이 점에서 시인이 발견한 가장 적절한 화두로 여겨진다. "모든 걸 겨울 동백이 말해주리라 믿고 찾았던 것". 그에 화답하듯 "동백이 나를 물끄러미 바라" 본다.

그리고 이제 모든 것은 '동백' 의 변신이다. 여수를 떠나는 선박도, 해풍에 흔들리는 불빛도, 팔목을 잡고 올려다 보는 한 여자도.

동백은 지상의 연민과 구원에 대한 열망, 그리고 아름다움에 대한 신념을 모두 한 몸에 지닌 수사가 된다.

시인은 그 순간 이렇게 말한다. “배고픔이 밀려온다/ 처음 이듯 배고픔은 밀려오는데 어둠 속/ 어깨 펴고 반듯이 누워 보는 것은 공복에 대한 그리움이 아주 오랜만에 일어났다는 것”. 공복에 대한 그리움이야 말로 ‘인간의 본질’ 임을 자각하면서 시인은 ‘동백의 수사’ 가 자신의 시 안에서 멈추지 않을 것임을 예감한다. 배고픔이야 말로 가장 근원적인 생명의 자각이 아닌가.

「동백」이 절창인 점은 이 시의 마지막 구절에서 좀 더 잘 확인이 된다.

“덜컹거리는 창가 파란 잎새와 머무는 목덜미 긴 동백.”

‘덜컹거리는 창가’, ‘파란 잎새’ 그리고 그것과 함께 머무는 목덜미가 긴 ‘동백’ 은 「시인의 말」에 나온 ‘황혼을 등진 검은 실루엣’ 의 변형이라고 할 수 있다. 침묵으로 견디며 무언가를 기다리는 긴 사색과 번민의 형상이 ‘동백’ 의 이미지 속에 이렇게 깃들어 있다.